Le secret de la capsule temporelle

D1721996

Élizabeth Rousseaux

Note Scientifique pour les Parents

Chers parents,

"Le Secret de la Capsule Temporelle" est une invitation à l'aventure et à la découverte, transcendante et universelle. Bien que nos protagonistes, Hannah et Zayna, soient des filles, il est important de souligner que cette histoire est écrite pour tous les enfants, qu'ils soient garçons ou filles. Chaque enfant, indépendamment de son genre, est encouragé à s'immerger dans le récit, à s'identifier à la curiosité des personnages, à leurs défis, à leurs émotions et à leurs réussites.

L'une des caractéristiques distinctives de ce livre est la représentation délibérée des personnages principaux. Vous remarquerez que Hannah et Zayna n'ont pas d'âge clairement défini, et les illustrations ont été soigneusement élaborées pour montrer des visages et des âges variés. Nous visons à empêcher les enfants de s'identifier strictement à un personnage basé sur l'âge ou le genre. Au lieu de cela, nous voulons encourager une prise de conscience plus profonde : celle de leurs capacités individuelles, indépendamment des normes ou des stéréotypes.

La méthode Montessori, qui a influencé la structure et le contenu de ce livre, souligne la valeur de l'apprentissage autodirigé et du développement personnel. Ainsi, au lieu que votre enfant se demande : "Pourquoi elle peut faire ça et pas moi?", nous espérons qu'il se dira, avec la curiosité et l'émerveillement propres à son âge : "Comment je peux faire pour apprendre ça moi aussi?"

De plus, ce livre a été conçu pour être accessible et stimulant pour tous les enfants, y compris ceux qui sont hypersensibles, timides, présentant un Trouble de l'Opposition avec Provocation (TOP) ou un Trouble du Déficit de l'Attention avec Hyperactivité (TDAH).

En offrant "Le Secret de la Capsule Temporelle" à votre enfant, vous lui présentez une aventure riche en enseignements, tout en lui donnant les outils pour se découvrir et embrasser son propre parcours d'apprentissage.

Avec toute notre affection,

Élizabeth Rousseaux

Loi n°49-956 du 16 juillet 1949
sur les publications destinées à la jeunesse

ISBN : 9798857143629

Le secret de la capsule temporelle

Élizabeth Rousseaux

Cher jeune explorateur,

Nous nous embarquons tous dans un grand voyage dans cette vie, une quête pour trouver notre place dans cette grande tapisserie de l'existence. Et tu sais quoi? Chacun de nous a une place particulière, un rôle unique à jouer dans l'histoire du monde.

Vous pouvez parfois vous sentir petit, comme une seule étoile dans le vaste cosmos, mais rappelez-vous que même la plus petite étoile peut illuminer la nuit la plus sombre. Et notre monde, tout comme le ciel nocturne, attend votre lumière.

Cet endroit que vous recherchez, ce rôle que vous êtes destiné à jouer - n'attendez pas que quelqu'un vous le donne. Soyez audacieux, soyez créatif et faites-le vous-même ! Parce que notre monde, même s'il ne s'en rend pas encore compte, a besoin de la lumière spéciale que vous seul pouvez faire briller.

Alors que vous plongez dans l'histoire d'Hannah et Zayna, j'espère que vous verrez un peu de votre propre histoire dans leur aventure. J'espère que vous découvrirez, comme eux, la joie d'apprendre, la magie de la curiosité et le pouvoir de la détermination.

N'oubliez pas, cher lecteur, que ce monde est prêt pour votre histoire. Alors, allez-y, faites votre marque, car on a besoin de vous, vous êtes important et vous êtes extraordinaire. Bonne lecture!

Bien à vous dans l'aventure,

Élizabeth Rousseaux

Sommaire

Chapitre 1
Une journée ordinaire

Au cœur de Paris, niché entre les méandres de la Seine et le commerce animé de la rue du Commerce, se trouve le quartier animé du 15e arrondissement. C'était un mélange enchanteur de charme séculaire et de modernité, où les pâtisseries traditionnelles côtoyaient les magasins de technologie étincelants.

Ici, dans un appartement douillet donnant sur la rue animée Lecourbe, résidaient deux sœurs - Hannah et Zayna. À première vue, ils étaient aussi différents que la craie et le fromage. Hannah, l'aînée des deux, était contemplative et réservée.

Elle avait une cascade de cheveux bruns qui semblaient incarner la multitude de questions qui tournoyaient sans cesse dans son esprit. Les livres étaient ses compagnons constants et on la retrouvait souvent perdue dans le labyrinthe captivant de leurs pages. En revanche, Zayna était fougueuse et grégaire, ses grands yeux noisette pétillant de curiosité ludique. Elle était rarement vue sans son carnet de croquis bien-aimé, rendant le monde autour d'elle en touches de couleurs vibrantes et expressives.

Malgré leurs personnalités contrastées, les sœurs étaient liées par une puissante camaraderie. Ils étaient les plus proches confidents l'un de l'autre et, surtout, des co-aventuriers. Unis, ils naviguaient avec avidité dans le monde qui les entourait, prêts à en démêler les merveilles et les énigmes. Ils ne savaient pas que leur journée ordinaire était sur le point d'entreprendre un détour extraordinaire...

Le 15ème arrondissement était une toile vibrante de la vie parisienne. Ses rues, grouillantes de locaux et de touristes, ont peint une scène enchanteresse de la magie quotidienne - de l'arôme invitant des croissants fraîchement cuits émanant des boulangeries du coin au bourdonnement amical de la conversation française qui se déverse dans les cafés confortables.

Pour Hannah et Zayna, c'était leur terrain de jeu. Les après-midi ensoleillés, après avoir accompli leurs devoirs avec assiduité, ils s'aventuraient à la découverte de leur quartier adoré, toujours avec la présence rassurante d'un de leurs parents. Leur endroit préféré était le Parc André Citroën tout proche. Ici, avec leurs parents veillant sur eux, ils se prélassent dans le havre de verdure. Courir pieds nus sur l'herbe luxuriante, chasser les papillons et inventer des histoires à l'ombre d'un grand vieil arbre - telles étaient les joies simples qui remplissaient leurs journées. Une autre activité chère était la visite des marchés animés. Zayna dessinait avec empressement la gamme vibrante de fruits, de fromages et de fleurs pendant qu'Hannah écoutait attentivement les sympathiques vendeurs expliquer les origines de leurs marchandises.

Le 15ème arrondissement était un trésor de richesses culturelles et historiques, offrant aux sœurs des opportunités infinies d'apprendre et de grandir. Chaque journée se terminait par un magnifique coucher de soleil, peignant le ciel parisien de teintes d'or et de violet, marquant la fin d'une autre journée de découverte.

À leur insu, un morceau tangible de l'histoire était sur le point de se révéler, un secret qui ajouterait une nouvelle dimension passionnante à leur compréhension de leur quartier bien-aimé et de leur propre place en son sein...

Chaque jour de la semaine, Hannah et Zayna se rendaient à leur école locale de la rue Balard, une institution dynamique nichée dans les rues animées du 15e arrondissement. L'école était un lieu d'apprentissage et d'amitié, une deuxième maison où ils se sentaient en sécurité et accueillis. Le bâtiment était une structure ancienne et ornée, son architecture complexe témoignant des siècles d'histoire dont il avait été témoin. Des fenêtres cintrées, des murs en pierre patinée et une cour fleurie et arborée lui confèrent un charme indéniable.

L'école était une aventure en soi. Les couloirs résonnaient de rires et d'apprentissage, chaque salle de classe regorgeant d'esprits avides prêts à absorber les connaissances. La cour de l'école bourdonnait de vie pendant les récréations, remplie du bruit des enfants qui jouaient, échangeaient des histoires et nouaient des amitiés.

Cependant, l'école n'était pas seulement une plaque tournante de l'apprentissage académique, mais elle contenait également un morceau d'histoire oublié qui était sur le point d'être redécouvert.

Un après-midi ensoleillé, à la fin des cours, Hannah et Zayna ont décidé de jouer dans la cour de l'école. Hannah, qui aimait explorer, a été attirée par une partie moins utilisée de la cour lorsque son pied a trébuché sur quelque chose de dur enfoui dans la terre.Intriguées, les sœurs ont balayé le sol et ont découvert une vieille boîte en métal solide. Elle était bien verrouillée, usée par le temps mais bien conservée, pas rouillée. Leurs cœurs battaient d'excitation. Serait-ce une capsule temporelle, comme celles qu'ils avaient lues dans leurs livres d'aventures ?

La crainte et l'émerveillement remplissaient leurs yeux. Les voilà, deux sœurs ordinaires au cœur de Paris, qui ont peut-être retrouvé un morceau d'histoire oublié dans leur propre cour d'école ! Au coucher du soleil, ils ont décidé de rapporter leur découverte à la maison. Ils étaient impatients d'en savoir plus sur la boîte et de partager leur découverte passionnante avec leur famille. Ils ne savaient pas que ce n'était que le début d'une grande aventure qui les attendait.

Chapitre 2
La capsule non ouverte

Une fois rentrées chez elles, la première chose qu'Hannah et Zayna ont faite a été de placer soigneusement la capsule temporelle sur leur table d'étude. La vue de la vieille boîte, posée parmi leurs manuels scolaires et leurs fournitures artistiques, a suscité un irrésistible sentiment de mystère et d'anticipation.

Avec un regard d'excitation partagé, ils ont décidé de faire quelques recherches avant d'essayer d'ouvrir la capsule. Ils voulaient comprendre ce que c'était, pourquoi il avait pu être enterré et, surtout, comment ils pouvaient l'ouvrir sans endommager ce qu'il y avait à l'intérieur.

Leurs parents, voyant leur enthousiasme et intrigués par leur trouvaille, les ont encouragés tout en insistant sur l'importance de la manipuler avec soin. C'était un lien précieux avec le passé, contenant peut-être des objets délicats, et devait être ouvert doucement et en toute sécurité.

En se tournant vers leurs ressources fiables - leur collection d'encyclopédies, de livres et d'Internet - ils ont découvert que les capsules temporelles étaient souvent enterrées par des personnes souhaitant conserver un instantané de leur vie pour les générations futures. Les objets à l'intérieur représentaient généralement l'époque à laquelle ils ont été enterrés, offrant un aperçu unique du passé.

Ils ont également appris que l'ouverture d'une capsule temporelle pouvait être délicate. Il était crucial d'être doux pour ne pas abîmer son contenu potentiellement fragile. Forts de ces connaissances, ils ont décidé de faire appel à leurs parents au moment de l'ouvrir.

Plus ils faisaient des recherches, plus ils devenaient excités. Leur journée ordinaire s'était transformée en un extraordinaire voyage de découverte, dans le confort de leur foyer.

Après avoir fait leurs recherches, Hannah et Zayna ont réalisé que l'ouverture de la capsule nécessiterait une clé. Ils fouillèrent la boîte de haut en bas, espérant que la clé pourrait être cachée dans un compartiment secret. Hélas, leurs recherches se sont avérées infructueuses. Il s'est avéré qu'il manquait la clé. Leurs parents ont suggéré que la clé avait peut-être été perdue au fil des ans, ou peut-être qu'elle n'était jamais censée être retrouvée, pour garder le contenu de la capsule secret pour toujours. Mais Hannah et Zayna ne se sont pas découragées. Ils avaient à cœur de dévoiler les secrets de la capsule temporelle. Alors qu'ils réfléchissaient à leur prochain mouvement, ils ne pouvaient se défaire du sentiment que la clé devait être quelque part en attente d'être trouvée. L'idée d'une capsule temporelle sans clé n'a pas fonctionné. Quelqu'un quelque part avait sûrement la clé, ou du moins savait où elle se trouvait.

Et ainsi, ils se décidèrent à trouver la clé. Leur esprit aventureux n'a pas été freiné par le défi. Au lieu de cela, ils y voyaient la première véritable étape de leur voyage. La quête de la clé manquante les conduirait dans une aventure à travers Paris, les reliant à leur ville et à son histoire d'une manière qu'ils n'auraient jamais imaginée.

Après leur recherche infructueuse de la clé à la maison, Hannah et Zayna savaient que leur voyage ne faisait que commencer. Ils devaient trouver la clé, non seulement pour eux-mêmes, mais pour tous ceux qui pourraient apprendre quelque chose du contenu de la capsule temporelle. Les sœurs ont également réalisé qu'il s'agissait de plus qu'une simple quête de clé. C'était l'occasion d'en apprendre davantage sur leur passé, leur ville et peut-être même eux-mêmes. C'était une aventure imminente et ils étaient prêts à s'y plonger. Un soir, ils se sont assis avec leurs parents et ont exprimé leur décision. Ils ont expliqué leur plan de recherche, d'exploration et, espérons-le, de trouver la clé. Leurs parents, mus par leur passion et leur détermination, ont accepté de les soutenir, en s'engageant à toujours privilégier leur sécurité. Hannah et Zayna hochèrent la tête avec impatience, leurs yeux brillant d'excitation et de détermination. Ils savaient que ce ne serait pas facile, mais ils étaient prêts à relever le défi. Ils ont compris que c'était leur aventure, leur histoire à écrire, et ils étaient impatients de voir où cela les mènerait.

La nuit après que leurs parents eurent donné leur bénédiction, Hannah et Zayna étaient dans leur chambre commune, chacune allongée dans son lit respectif, fixant le plafond. Les ombres dansaient autour de la pièce tandis que le vent extérieur bruissait les feuilles. C'était calme à part leur respiration douce et le hululement occasionnel d'un hibou.

Dans ce silence, ils ont conclu un pacte. Un pacte de fraternité, de rêves partagés et de défis partagés. Ils se sont promis de se soutenir à chaque étape de ce voyage. Pour toujours être derrière l'autre. Ne jamais abandonner, peu importe à quel point la recherche de la clé peut devenir difficile. Ils savaient qu'il y aurait des désaccords, probablement aussi des disputes. Mais ils savaient aussi qu'ils les surmonteraient, ensemble. Parce qu'elles n'étaient pas seulement sœurs de naissance, elles étaient partenaires par choix. Partenaires de cette aventure extraordinaire qui ne faisait que commencer.Une fois ce pacte conclu, ils se sont endormis, leurs rêves remplis de visions de clés, de capsules temporelles et du voyage passionnant qui les attendait.

Chapitre 3
Le premier indice

Le lendemain, après l'école, Hannah, Zayna et leur mère se sont rendues à la bibliothèque locale. Hannah et Zayna ont suggéré cela comme première étape de l'aventure à leur mère qui a accepté avec joie, encourageant toujours l'esprit curieux de ses filles. La bibliothèque, un bâtiment en pierre pittoresque niché dans une rue calme, a toujours eu une aura réconfortante, presque magique pour les sœurs. Le bruissement silencieux des pages qui se tournent, l'odeur des vieux livres, les chuchotements étouffés - c'était un endroit où le temps semblait s'être arrêté, où l'on pouvait se perdre dans les histoires du passé. La famille était une habituée de la bibliothèque et connaissait assez bien Mme Brigitte, la bibliothécaire âgée. Avec ses lunettes rondes, ses cheveux grisonnants et son sourire chaleureux, elle était toujours prête à les aider. Ils l'ont approchée, lui ont expliqué leur quête et lui ont demandé de l'aide.

Mme Brigitte, toujours enthousiaste à l'idée d'aider les jeunes esprits à apprendre et à grandir, a accepté de les aider dans leurs recherches. Elle les a guidés vers la section histoire, vers des livres sur Paris et son passé, espérant qu'ils pourraient trouver un indice sur la capsule temporelle et sa clé manquante.

Alors qu'Hannah, Zayna et leur mère approfondissaient la section d'histoire de la bibliothèque avec Mme Brigitte, elles se retrouvèrent entraînées dans le monde du vieux Paris. Ils ont parcouru des livres poussiéreux remplis de vieilles cartes, de photos en noir et blanc et d'histoires de Parisiens d'autrefois.

Au milieu de toutes les recherches, Mme Brigitte a commencé à partager des histoires sur sa propre vie. Elle avait été bibliothécaire à la bibliothèque locale pendant plus de quatre décennies et possédait une mine de connaissances sur l'histoire de la ville. Les sœurs ont écouté attentivement, s'imprégnant de chaque détail, dans l'espoir de trouver quelque chose qui les mènerait à la clé. Alors que Mme Brigitte parlait du passé de la ville, de la transformation de son architecture et de l'évolution de sa culture, Hannah et Zayna ont réalisé à quel point elles savaient peu de choses sur leur propre ville. Mais parmi toutes ces histoires, une histoire en particulier a retenu leur attention - l'histoire du fondateur de leur école.

Alors que Mme Brigitte commençait à parler du fondateur de l'école Rue Balard, un silence s'abattit sur Hannah, Zayna et leur mère. Selon Mme Brigitte, le fondateur était un dénommé Édouard Valentin, un amoureux de l'éducation et un collectionneur passionné de bizarreries. Homme de moyens et de goût, il avait parcouru le monde, ramenant des souvenirs de ses voyages.

Plus intrigant, il était connu pour avoir fait partie de diverses sociétés secrètes et était fasciné par les mystères et les codes. Son amour pour les voyages et les mystères était bien connu, et on disait qu'il incorporait ces aspects dans le programme de son école pour inspirer un sentiment de curiosité et d'aventure chez ses élèves.

Bien que tout cela soit fascinant, ce qui a le plus attiré l'attention des sœurs, c'est la mention d'un objet particulier qu'Édouard Valentin aurait chéri par-dessus tout : une clé en bronze finement sculptée et ornée. Serait-ce la clé manquante qu'ils recherchaient ?

Poussées par l'évocation de la clé, Hannah, Zayna et leur mère ont décidé d'approfondir la vie d'Édouard Valentin. Sous la direction patiente de Mme Brigitte, ils ont parcouru de vieux journaux, des journaux intimes et des livres d'histoire.

Dans l'un des journaux de Valentin, Hannah est tombée sur une entrée particulière. C'était un passage étrange, semblable à une énigme, assez différent du reste de ses entrées. Il a lu: "Là où la dame de fer se tient debout, à ses pieds, l'histoire est rappelée. Sous le regard de l'érudit de pierre, se trouve le secret, attendant d'être déterré." Avec un halètement, Hannah lut le passage à haute voix. La pièce se tut alors que tout le monde considérait sa signification. Zayna, toujours prompte à comprendre, s'est exclamée : "La Tour Eiffel ! La dame de fer doit être la Tour Eiffel !"

Cette énigme pourrait-elle être l'indice dont ils avaient besoin pour localiser la clé manquante de la capsule temporelle ? L'excitation coulant dans leurs veines, ils ont remercié Mme Brigitte pour son aide et ont décidé de poursuivre leur aventure le lendemain, en commençant par une visite à la Tour Eiffel.

Chapitre 4
Le voyage commence

Après une bonne nuit de sommeil, la famille prépare sa visite de la Tour Eiffel. Avant de partir, Hannah et Zayna, armées d'un plan de Paris, ont passé un certain temps à comprendre l'itinéraire qu'elles allaient emprunter. Leurs parents leur ont toujours enseigné l'importance d'être préparés, et les sœurs ont trouvé un sentiment de frisson en traçant leur chemin.

En parcourant la carte, ils ont commencé à reconnaître des points de repère importants, à comprendre comment la ville était interconnectée. Ce simple acte leur a donné une nouvelle appréciation de leur ville natale. Une fois leur route tracée, ils étaient prêts à se lancer dans la première étape de leur voyage.

Alors que la famille voyageait à travers Paris jusqu'à la Tour Eiffel, les parents ont souligné divers monuments parisiens et expliqué leur signification. Ils sont passés par la pittoresque Seine, l'imposante cathédrale Notre-Dame, les Champs-Élysées animés et bien d'autres sites captivants. Au milieu de leur voyage, ils ont commencé à discuter de l'importance de ces monuments dans l'histoire de Paris. Ils ont appris comment ces structures et ces lieux définissent non seulement le paysage de la ville, mais contribuent également à son identité culturelle unique.

Pendant leur balade, Hannah et Zayna n'ont pu s'empêcher de s'émerveiller devant la riche histoire de leur ville. Chaque point de repère contenait un morceau de l'histoire de Paris, attendant d'être découvert. Alors que la Tour Eiffel se rapprochait, l'anticipation de découvrir le premier indice se renforçait dans leurs cœurs.

Arrivés à la tour Eiffel, la famille se lance à la recherche de l'indice. Se souvenant de l'énigme, ils commencèrent à chercher autour de la base de la tour. Hannah a remarqué une statue de Gustave Eiffel, l'architecte de la Tour Eiffel, près de l'entrée. Serait-ce le « savant de pierre » mentionné dans l'énigme ?

En s'approchant, ils trouvèrent une petite plaque sur le socle de la statue. Il disait : « Au bâtisseur de rêves, au créateur de merveilles, à l'érudit de la pierre et du fer.

Inspirée par les mots de la plaque, Hannah a décidé d'inspecter la base de la statue. Alors qu'elle époussetait un peu de saleté et de crasse, son cœur bondit. Là, caché, se trouvait un symbole gravé qui correspondait à celui de la capsule temporelle !

Avec un nouvel enthousiasme, la famille a célébré sa petite victoire. Mais Hannah et Zayna savaient que ce n'était que le début de leur aventure. Le vrai voyage ne faisait que commencer.

Dans l'excitation du moment, Hannah a suggéré qu'ils devraient chercher plus d'indices autour de la Tour Eiffel. Cependant, Zayna, qui était fatiguée et voulait rentrer chez elle, n'était pas d'accord. Cela a conduit à leur première dispute pendant le voyage.

Hannah, désireuse de trouver plus d'indices, ne comprenait pas pourquoi Zayna voulait partir si tôt. D'un autre côté, Zayna, étant plus jeune, se sentait dépassée et regrettait le confort de leur maison.

Leurs parents, remarquant la tension, leur suggérèrent de faire une pause, leur rappelant qu'ils avaient tout le temps de résoudre l'énigme. Hannah accepta à contrecœur, comprenant que Zayna avait aussi besoin de repos. En rentrant chez elles, les filles ont réalisé que, malgré leurs différences, elles partageaient un objectif commun et devaient se soutenir mutuellement.

Chapitre 5
Un voyage au Louvre

Après avoir découvert le symbole de la tour Eiffel, la famille a passé la soirée à l'étudier de près. Ils ont réalisé qu'il ressemblait à un emblème qu'ils avaient vu dans l'un de leurs livres d'histoire - un symbole associé à la Renaissance française.

Étant donné que le Louvre possédait une vaste collection d'art de la Renaissance et accueillait des visites nocturnes, Hannah et Zayna l'ont suggéré comme prochaine étape après l'école le lendemain. Leurs parents ont pensé que c'était une idée fantastique de combiner l'apprentissage et leur aventure en cours.

En entrant au Louvre le soir, le musée prenait une toute autre atmosphère. Les lumières tamisées, les couloirs calmes et le sens de l'histoire étaient encore plus profonds. Alors qu'ils se déplaçaient d'une galerie à l'autre, ils étaient émerveillés par les chefs-d'œuvre artistiques de l'époque qu'ils exploraient actuellement dans leur cours d'histoire.

Cependant, au milieu de la crainte et de l'émerveillement, ils n'ont pas perdu de vue leur mission : trouver le prochain indice de leur quête.

Alors qu'ils se promenaient dans la section Renaissance du musée, les yeux d'Hannah et Zayna furent attirés par une peinture particulière de la même époque que le symbole qu'ils avaient trouvé. La peinture présentait une grande scène d'une cour royale et au centre se trouvait la représentation d'une boîte portant le même symbole qu'ils enquêtaient.

Excités, ils appelèrent leurs parents pour jeter un coup d'œil. Ils ont réalisé que la boîte dans le tableau et la capsule temporelle qu'ils chassaient pouvaient être liées. Avec une nouvelle détermination, ils ont entrepris d'en savoir plus sur la peinture - l'artiste, l'époque et tout autre détail susceptible de les aider dans leur quête. L'indice du Louvre les avait rendus encore plus déterminés à percer les secrets de la capsule temporelle.

Leur enquête les a conduits à une exploration approfondie de l'art et de la culture de la période de la Renaissance. Ils ont appris l'importance des symboles dans les œuvres d'art de l'époque, l'utilisation de la perspective et l'influence des mécènes dans la formation du monde de l'art.

Alors qu'elles continuaient à apprendre, Hannah et Zayna ont découvert une nouvelle appréciation de l'art. Ils ont adoré la façon dont chaque peinture racontait une histoire, la façon dont chaque symbole avait une signification et la façon dont les artistes ont utilisé leur créativité pour rassembler tous ces éléments. Cette expérience partagée a approfondi leur compréhension de l'art et de son lien avec l'histoire. La joie d'apprendre quelque chose de nouveau était renforcée par l'excitation de leur mystère qui se déroulait. Ils ont terminé leur visite du Louvre avec des connaissances enrichies et une curiosité brûlante pour découvrir ce qui les attend dans leur quête.

Alors qu'ils rentraient du musée, l'atmosphère était pleine d'excitation et d'anticipation. Les filles ont bavardé sans arrêt, discutant de leurs découvertes, spéculant sur les prochaines étapes et partageant leurs réflexions sur l'art de la Renaissance qu'elles avaient vu. Il y eut un moment de réflexion où ils se rendirent compte que leur aventure les avait rapprochés. Cette expérience partagée renforçait leur lien en tant que sœurs, les aidait à mieux se comprendre et s'apprécier.

Ce nouveau sentiment d'unité et de réconciliation les a rendus encore plus déterminés. Ils ont conclu un pacte pour poursuivre leur quête, sans se laisser décourager par les défis qui pourraient se présenter à eux. Leur détermination était plus forte que jamais - ils ne le faisaient pas seulement par curiosité ou pour leur école, mais aussi pour leur nouveau lien partagé.

Chapitre 6
Le Secret de la Seine

A bord du bateau mouche, l'excitation d'Hannah et Zayna était palpable. En admirant Paris depuis ce point de vue unique, ils ont remarqué quelque chose d'inhabituel dans le débit de la Seine. Le courant semblait suivre un schéma distinct, tourbillonnant autour de certains points le long de la rivière d'une manière qui semblait presque délibérée.

Hannah a rapidement esquissé le motif qu'ils ont observé sur son bloc-notes, tandis que Zayna a utilisé son téléphone pour rechercher la signification de ces points. Elle a découvert que c'étaient tous des endroits que le fleuve avait historiquement déviés ou bifurqués, un phénomène qui avait façonné le développement de Paris. Ce modèle et le contexte historique ont cliqué dans leur esprit. Ils ont réalisé qu'ils regardaient une sorte de carte, les guidant plus loin dans leur aventure.

À la fin de la croisière en bateau mouche, Hannah et Zayna ont été remplies d'un sens renouvelé de l'objectif. Ils ont compris l'importance du modèle qu'ils avaient découvert, mais il était évident qu'ils devaient travailler ensemble pour comprendre ce que cela signifiait pour leur quête. Ils passèrent la soirée à s'attarder sur l'esquisse du schéma fluvial, leurs indices passés et l'histoire de la Seine. Au début, ils ont travaillé séparément, essayant de déchiffrer l'indice individuellement. Cependant, ils se sont vite rendu compte qu'ils voyaient chacun des choses différentes dans le modèle et apportaient des idées différentes sur la table.

Décidant de collaborer, ils ont commencé à reconstituer une image plus claire de leurs prochaines étapes. Leurs perspectives différentes se complétaient et ils ont commencé à apprécier l'importance du travail d'équipe. À la fin de la nuit, ils avaient un plan approximatif pour les jours à venir, alimenté par leur lien renforcé et leur mission commune.

Après une longue nuit de recherche et de remue-méninges, Hannah et Zayna ont finalement progressé dans la résolution de l'indice de la Seine. Ils ont réalisé que le modèle d'écoulement qu'ils avaient observé reflétait les voies navigables d'origine de Paris, avant que l'intervention humaine ne modifie le cours de la Seine. Leur esquisse était une carte, les guidant vers le cœur historique de Paris : l'île de la Cité, berceau de la ville et lieu chargé d'histoire. Avec une secousse d'excitation, ils ont compris que leur prochain emplacement était cette île de la Seine. Avec un regain d'enthousiasme, ils s'endorment en rêvant aux mystères qui les attendent sur l'Île de la Cité, impatients de l'aventure du lendemain.

Chapitre 7
Les indices se connectent

À l'aube, Hannah et Zayna ont pris un moment pour réfléchir à l'incroyable voyage qu'elles avaient entrepris. D'une mystérieuse capsule temporelle à des indices cachés à la vue de tous, leur vie quotidienne s'est transformée en une véritable aventure. Ce fut l'occasion non seulement de découvrir l'histoire de leur ville, mais aussi d'approfondir leur lien fraternel.

Malgré le frisson de la poursuite, ils ont également reconnu les défis auxquels ils avaient été confrontés et comment ils avaient appris à travailler ensemble pour les surmonter. Ils savaient qu'ils étaient plus forts ensemble et étaient prêts à affronter tout ce qui les attendait.

Armées d'une bonne tasse de chocolat chaud, Hannah et Zayna se sont assises à la table de la cuisine, prêtes à relever les défis de la journée. Ils sortirent le croquis de la Seine et recommencèrent à le parcourir, à la recherche de tout ce qu'ils auraient pu manquer.

Alors qu'ils suivaient le cours de la rivière, Zayna eut une soudaine pensée. Elle s'est souvenue d'une leçon de l'école sur le nombre de villes anciennes, dont Paris, construites autour des rivières pour un accès facile à l'eau et aux transports. Ce n'était pas le tracé actuel de la Seine qui était important ; c'était celui d'origine. Hannah comprit immédiatement ce que Zayna suggérait. Ils devaient superposer leur croquis sur un plan de Paris comme cela aurait été le cas lorsque la capsule temporelle aurait été enterrée. Les endroits où le débit original du fleuve se croisait avec les principaux monuments parisiens pourraient indiquer où ils devaient regarder ensuite. C'était la percée qu'ils attendaient. Ils étaient sur le point de trouver la clé de la capsule temporelle.

Alors qu'ils commençaient à superposer les croquis et l'ancien plan de Paris, ils ont commencé à voir des liens qu'ils n'avaient pas remarqués auparavant. Le tracé historique de la Seine semblait s'aligner parfaitement avec la Tour Eiffel et l'emplacement de leur école. Cela ne pouvait pas être qu'une coïncidence.

Enthousiasmés par cette réalisation, ils ont utilisé des crayons de couleur pour marquer ces points d'intersection sur leur carte. En le regardant de loin, ils pouvaient voir un motif émerger. Les pointes formaient une forme, un peu comme une clé. "Une clé!" s'exclamèrent simultanément les deux filles. Ils ont réalisé que leur croquis, les points de repère et le débit original de la Seine s'étaient combinés pour créer une carte de l'emplacement de la clé réelle. C'était un indice, caché à la vue de tous, attendant que quelqu'un avec les bonnes connaissances et la bonne perspective le découvre.

Avec une étincelle dans les yeux, les filles regardèrent attentivement leur carte marquée. La forme de la clé semblait pointer vers un endroit particulier - le parc du Champ de Mars, juste au pied de la Tour Eiffel. La joie sur leurs visages était inestimable ; ils avaient résolu le puzzle. La clé de la capsule temporelle doit être là !

Hannah et Zayna ne pouvaient contenir leur excitation. Leurs cœurs battaient dans leurs poitrines, non pas de peur, mais d'anticipation. Le fait qu'ils aient été proches de découvrir un pan de l'histoire parisienne était grisant. Mais plus que cela, ils avaient trouvé quelque chose de plus précieux - la joie d'apprendre et un lien qui ne pourrait jamais être rompu. Avec l'approbation de leurs parents, ils décidèrent de s'aventurer au parc du Champ de Mars dès le lendemain après l'école. La clé était à leur portée, et avec elle, les secrets de la capsule temporelle.

Chapitre 8
Le gardien de la clé

Après l'école, la famille se dirige directement vers le Champ de Mars. Le soleil était brillant, projetant de longues ombres sur l'herbe verte luxuriante du parc. Suivant le modèle de leur carte, les filles ont conduit leurs parents à l'endroit aligné avec le bout de la clé. Ils y trouvèrent un vieux chêne aux racines déployées comme des doigts noueux s'agrippant à la terre.

Alors qu'ils s'approchaient, un vieil homme, bien habillé et au visage bienveillant, sortit de derrière l'arbre. "J'attendais", dit-il d'une voix douce et paternelle. Il se présente comme étant Monsieur Durand, le gardien de la clé, nommé par le fondateur de l'école lui-même.

M. Durand, avec un sourire complice, expliqua que la clé n'était pas simplement remise. Il devait être gagné en démontrant les connaissances acquises au cours du voyage. Il a posé à Hannah et Zayna une série de questions sur les points de repère, l'histoire et les indices qu'ils avaient découverts.

A chaque question, les filles se regardaient, se souvenant de leur aventure, de leurs découvertes, de leurs querelles et de leur détermination. Ils ont répondu à chaque question avec confiance, leurs voix faisant écho à leurs nouvelles connaissances et à la joie qu'ils avaient trouvée dans leur parcours d'apprentissage.

Impressionné, M. Durand hocha la tête en signe d'approbation. Ses yeux brillaient de fierté et de satisfaction en regardant les jeunes aventuriers.

En entendant leurs réponses, M. Durand hocha la tête et sourit. "Très bien, Hannah et Zayna. Vous avez fait preuve de sagesse et de curiosité, exactement ce que le fondateur avait espéré pour ceux qui cherchent la clé." Fouillant dans la poche de son manteau, il en sortit une vieille clé ornée. La clé était délicatement ouvragée, la poignée avait la forme d'un livre ouvert et les dents ressemblaient à de minuscules bâtiments finement sculptés, un miroir des monuments qu'ils avaient visités.

En tendant la clé aux filles, Monsieur Durand leur dit : "Avec cette clé, non seulement vous déverrouillerez la capsule temporelle, mais aussi l'histoire et le cœur de cette ville. Utilisez-la bien." Les mains tremblantes d'excitation, les filles ont remercié Monsieur Durand et, la clé serrée dans leurs mains, elles ont attendu avec impatience la prochaine étape de leur voyage - déverrouiller la capsule temporelle.

En saluant M. Durand de la main, les filles éprouvèrent un frisson d'anticipation. Ils détenaient la clé du passé de leur ville, un artefact de son histoire. En le tenant près de lui, ils ne pouvaient s'empêcher d'imaginer quels secrets les attendaient dans la capsule temporelle. Ils pensaient à la note qu'ils avaient lue, aux repères qu'ils avaient visités et aux indices qu'ils avaient démêlés. Quelle pourrait être la prochaine ?

Leurs parents étaient tout aussi ravis. Ils ont vu un changement chez leurs filles - une nouvelle appréciation de leur ville et de son histoire, une curiosité qui allait au-delà de leurs manuels scolaires et un lien qui s'était renforcé à chaque étape de leur voyage. Les filles se regardèrent en souriant largement.
Ils étaient à un pas de la grande révélation.
Demain ne pouvait pas arriver assez tôt.

Chapitre 9
La capsule temporelle débloquée

Le lendemain, les filles sont arrivées à leur école, l'excitation bourdonnant dans leurs veines. La nouvelle de la découverte de la capsule temporelle et du déverrouillage imminent s'était répandue, et l'école était en effervescence.

Leurs camarades de classe se sont rassemblés autour d'eux, leur curiosité piquée. Les enseignants étaient tout aussi impatients, émerveillés par le sens de l'histoire et du mystère qui avait rempli leur école. Hannah et Zayna étaient au centre de tout cela, la clé du passé entre leurs mains. Le directeur avait organisé une petite cérémonie dans la cour de l'école, juste à côté de la vieille pierre qui avait abrité la capsule temporelle. Alors que tout le monde se taisait, Hannah et Zayna s'avancèrent, la clé ornée brillant au soleil.

Avec une profonde inspiration, Hannah inséra la clé dans la serrure de la capsule temporelle. Un silence s'abattit sur la foule alors qu'elle tournait la clé, le vieux mécanisme de serrure s'enclenchant en place. Doucement, Hannah et Zayna ont soulevé le couvercle ensemble.

À l'intérieur, ils ont trouvé une collection d'objets qui les ont transportés un siècle en arrière - de vieilles pièces de monnaie, des photographies sépia de l'école, un parchemin avec de belles notes manuscrites sur la fondation de l'école, une petite peinture délicate de la Seine, et plus encore. Chaque objet était un morceau du passé, un moment figé dans le temps.

Il y avait des halètements et des murmures d'émerveillement de leurs camarades de classe. Les professeurs aussi regardaient avec étonnement. Alors qu'Hannah et Zayna tenaient soigneusement chaque objet à la vue de tous, c'était comme si toute l'école faisait un pas en arrière dans l'histoire.

Parmi les objets figurait une enveloppe cachetée, adressée aux « générations futures de l'école rue Balard ». Zayna l'ouvrit avec précaution et en sortit un parchemin. L'écriture était élégante et cursive, portant le signe d'un temps révolu. Hannah, étant l'aînée, a pris sur elle de le lire à haute voix.

La lettre a été écrite par le fondateur de l'école. Il racontait une histoire d'espoir pour l'avenir, l'importance de l'apprentissage et de la curiosité, et la joie de la découverte. Il soulignait l'importance du respect de l'histoire et le pouvoir du savoir. C'était un témoignage des valeurs de l'école et des aspirations de ses élèves. Le message se terminait par une note touchante : « Souvenez-vous, recherchez toujours la connaissance, aimez votre ville et son histoire, et puissiez-vous trouver de la joie dans vos découvertes, tout comme nous l'avons fait dans les nôtres.

La foule applaudit, émue par le message du passé. Les filles se regardèrent, comprenant le poids des mots qu'elles venaient de lire.

La nouvelle de l'ouverture de la capsule temporelle s'est répandue au-delà de l'école, dans tout le quartier et dans tout le 15e arrondissement. Des reporters de stations d'information locales sont arrivés pour couvrir cet événement unique. Les filles ont été interviewées et elles ont partagé leur histoire avec un véritable enthousiasme, inspirant les autres avec leur aventure et les valeurs qu'elles avaient apprises. La communauté a été ravie par le voyage inattendu dans le passé, qui a suscité un nouvel intérêt pour l'histoire locale, en particulier chez les jeunes. De nombreux Parisiens, inspirés par l'histoire d'Hannah et Zayna, ont commencé à visiter les monuments, les musées et les bibliothèques locaux, désireux de découvrir par eux-mêmes le passé de leur ville. L'atmosphère de la ville a changé, une vague de curiosité et d'intérêt pour l'apprentissage a déferlé sur Paris. Et au cœur de cette vague se trouvaient deux petites filles, Hannah et Zayna, qui avaient commencé un simple parcours de curiosité et qui ont fini par inspirer toute une communauté.

Chapitre 10
Une leçon à retenir

Une fois toute l'excitation retombée, Hannah et Zayna se retrouvèrent dans leur chambre, entourées des vestiges de leur aventure - la carte, des croquis des indices et des photos des points de repère qu'ils avaient visités. Les sœurs se sont assises ensemble, réfléchissant à leur voyage inoubliable.

Ils ont parlé des hauts et des bas, des moments de joie et des moments où ils ont eu envie d'abandonner. Mais ils ont tous deux convenu qu'ils n'échangeraient cette aventure pour rien au monde. Il ne s'agissait pas seulement de trouver la clé et d'ouvrir la capsule temporelle ; il s'agissait des connaissances qu'ils ont acquises, du lien qu'ils ont renforcé et de l'aventure qu'ils ont partagée.

Leur aventure commune avait fait plus qu'apporter une vague d'excitation dans leur vie ; cela les avait également rapprochées en tant que sœurs. Hannah s'est rendu compte qu'elle admirait la capacité de Zayna à voir les détails qu'elle manquait parfois, tandis que Zayna appréciait la ténacité et la détermination d'Hannah à continuer même lorsque les choses semblaient impossibles. Ils ont reconnu l'importance des forces de l'autre, ce qui a renforcé leur lien.

Un soir, alors qu'ils se préparaient à aller au lit, Zayna regarda Hannah et dit : « Tu sais, Hannah, c'était la meilleure aventure de tous les temps. Et c'était encore mieux parce que j'ai pu la partager avec toi. Hannah lui rendit son sourire, "Je ne pourrais pas être plus d'accord, Zayna. A plus d'aventures ensemble !"

Dans les semaines qui ont suivi, l'effervescence à l'école et dans le quartier ne s'est pas estompée. L'histoire de l'aventure d'Hannah et Zayna n'arrêtait pas d'être racontée et redite. L'ouverture de la capsule temporelle avait révélé un élément tangible de l'histoire, mais elle avait également révélé une leçon importante : l'apprentissage pouvait être une grande aventure, remplie de mystères, d'indices et de délicieuses découvertes.

Les enseignants ont intégré cet esprit d'aventure dans leurs cours, suscitant la curiosité et l'enthousiasme des élèves. Les parents ont commencé à engager leurs enfants dans des activités plus exploratoires et éducatives. L'effet d'entraînement de l'aventure d'Hannah et Zayna avait transformé la communauté en un centre dynamique d'apprentissage et de découverte."

Alors que les jours se transformaient en semaines, Hannah et Zayna se remémoraient souvent le jour où elles avaient trouvé la capsule temporelle - une journée d'école ordinaire qui s'était transformée en une aventure extraordinaire. Leurs vies étaient revenues à la normale, mais rien n'était tout à fait pareil.

Ils avaient appris la valeur de la curiosité, la joie de la découverte et l'importance de la persévérance. Ils avaient vu comment une journée ordinaire pouvait se transformer en quelque chose de magique et mémorable.

Un jour, alors qu'ils descendaient la rue Balard, main dans la main, ils regardèrent avec tendresse le bâtiment de leur école. Le bâtiment en brique ordinaire contenait un secret, une histoire d'une époque révolue, qui leur avait offert une aventure inoubliable. Ils savaient tous les deux qu'ils porteraient cette histoire, leur histoire, avec eux, dans leur avenir.

Et ainsi, l'aventure d'Hannah et Zayna s'est terminée, mais son impact sur eux et leur communauté s'est attardé. En entrant dans le futur, ils l'ont fait en sachant que même dans les moments les plus ordinaires, des possibilités extraordinaires pouvaient les guetter, prêtes à transformer leur monde. Ils ont découvert que l'apprentissage ne se limitait pas aux quatre murs d'une salle de classe, mais était une aventure qui pouvait les emmener dans des endroits qu'ils n'avaient jamais imaginés.

Et bien qu'elles ne soient que deux petites filles dans la vaste ville de Paris, elles savaient qu'elles pouvaient faire la différence. Leur aventure a rappelé à tous que chacun de nous porte en nous le potentiel de transformer notre monde, d'apporter de la joie et de l'apprentissage, de percer des mystères et, surtout, de rendre nos journées ordinaires extraordinaires.

Alors que nous fermons ce livre, nous espérons que l'histoire d'Hannah et Zayna inspirera tous ses jeunes lecteurs à se lancer dans leurs propres voyages d'apprentissage et de découverte. Car ce monde, même s'il ne le sait pas encore, a besoin de vous !

Printed in France by Amazon
Brétigny-sur-Orge, FR